Elsa Rüegger

ELSA RÜEGGER

Elsa Rüegger

LA renommée de la violoncelliste ELSA RUEGGER est si répandue, qu'elle peut être rangée parmi celle des grands virtuoses du monde entier.

La carrière de cette jeune artiste est remplie par une suite ininterrompue de véritables triomphes.

Le précieux concours qu'elle a prêté dans les grands Concerts symphoniques, ainsi que dans les concerts de Sociétés musicales, attestent suffisamment combien cette admirable artiste est recherchée.

Dès l'âge de onze ans; elle parut déjà dans des soirées de bienfaisance, elle devint bientôt la favorite du public bruxellois.

Mais ce fut à partir de sa douzième année qu'elle commença sa véritable carrière artistique. Elle entreprit une tournée en Suisse, se fit entendre à Strasbourg et, partout, obtint le plus vif succès.

Puis, elle alla chercher à Berlin, devant un auditoire réputé connaisseur, une façon d'investiture artistique. Elle fut reçue avec un enthousiasme unanime. Un accueil non moins chaleureux lui fut réservé dans d'autres villes importantes d'Allemagne, où elle se fit entendre ensuite.

Tous ceux qui ont entendu Mlle Elsa Ruegger s'accordent à lui reconnaître des facultés toutes remarquables.

Elle manie l'archet avec élégance, produisant un beau son plein, rond et mœlleux; sa conception musicale est saine et intelligente, son mécanisme absolument irréprochable.

Le nom d'Elsa Ruegger brille aujourd'hui du plus vif éclat.

Nous donnons ci-après quelques critiques de la Presse d'Europe et d'Amérique où Elsa Ruegger s'est faite entendre.

Extraits de Journaux

Berlin

Vossische Zeitung

20 mars 1899

La jeune violoniste Mlle Elsa Rüegger, donna dans la salle Beethoven, un concert avec le concours de l'orchestre philharmonique. Ce fut un *événement musical* !

Lorsqu'elle débuta, il y a de cela quelques années, de sincères encouragements lui furent prodigués de tous côtés.

Depuis, Mlle Rüegger nous est revenue artiste si parfaite, qu'elle ne doit redouter de *comparaisons avec aucun de ses collègues les plus célèbres*. La sûreté avec laquelle Mlle Rüegger exécute les morceaux, quels qu'ils soient, semblant ignorer ce que c'est que de toucher à faux, procure un véritable délice. Le son est toujours d'une belle pureté, onctueux et ample. Dans l'exécution, son sentiment naturellement musical et une remarquable compréhension de son art s'unissent pour former une homogénéité merveilleuse. Après quelques soli et après le « Kol Nidrei » de Bruch et le Concerto en *ré* majeur de Haydn, Mlle Rüegger exécuta celui de Lalo. Rien ne peut parler autant en faveur de l'importance de son talent que d'avoir réussi à intéresser le public à cette dernière œuvre.

2

Lokal Anzeiger

19 mars 1899

Hier, samedi. Mlle Elsa Rüegger. une des rares artistes de son sexe qui aient choisi le violoncelle comme instrument solo, s'est faite entendre dans la salle Beethoven. La jeune dame est déjà avantageusement connue ici et il est incontestable que, malgré son jeune âge, elle est une des plus douées parmi ses semblables.

Hier pour la première fois on entendit Mlle Rüegger dans un concert de plus grande importance, avec accompagnement d'orchestre. Le programme se composait du délicieux concerto de Haydn, de celui en *ré* majeur de Lalo, du « Kol Nidrei » de Bruch et de trois autres petits morceaux avec accompagnement de piano seulement.

Ainsi qu'il était à prévoir, Mlle Rüegger, la jeune et sympathique artiste exécuta ce programme avec une assurance irréprochable, Ce fut un véritable plaisir que d'entendre un jeu uni, finement nuancé, dépourvu de tendance à une mièvrerie ou à une virtuosité prétentieuses ; de rencontrer dans chaque mesure un sentiment musical sain, puissant et développé et de surprendre un goût charmant dans certains passages à effets voulus.

Rien de conventionnel dans le jeu de la jeune artiste, de même rien de péniblement cherché dans les effets ni rien d'acquis par un travail ardu. Tout vient d'une façon si naturelle et si pleinement dépourvue d'intention forcée que chacun, en l'entendant, pourrait se croire capable d'en faire autant. La « Danse des Elfes » de Popper, morceau si plat et si peu soutenu par lui-même, ne m'a jamais autant intéressé qu'à l'audition d'hier ; et je ne l'ai jamais

entendu jouer si élégamment ni si gracieusement, et avec
une interprétation exacte jusqu'à la minutie.

Cependant le talent principal de Mlle Rüegger ne con-
siste pas uniquement dans l'habileté mécanique. Il se
présente bien plus dans ses merveilleux « Cantabile ».
Le son dans la cantilène est d'une beauté de sonorité et
d'une douceur captivante ; sa façon d'exécuter une mélodie
est d'une extraordinaire tendresse et d'une pure délicatesse. Mlle Rüegger n'en a agi pas moins profondément
sur tous les auditeurs dans les phrases lentes. Et lorsqu'à
la fin, répondant aux applaudissements frénétiques de
l'auditoire, elle joua, non pas une bagatelle. virtuosement
prétentieuse, mais un morceau plein de poésie mélodieuse
« le Chant du soir » de Schuman, ce fut avec reconnaissance que le public d'élite lui en sut gré.

Borsen Zeitung

19 mars 1899

Mlle Rüegger s'est faite violoncelliste accomplie. Sa
technique est d'une rare pureté. le son est nettement mar-
qué sans toutefois devenir ni âpre ni vulgaire dans les passages exigeant une force croissante. Mlle Rüegger, joue
constamment avec une remarquable simplicité. résultant
justement d'une chaleur naturelle et d'une saine compréhension musicale.

Là seulement où ces qualités font défaut, il faut recourir
aux procédés et aux subterfuges ; ce n'est point son cas.

Neueste Nachrichten

20 mars 1899

La violoncelliste, Mlle Elsa Rüegger, qui donna un concert samedi soir dans la salle Beethoven, produisit une des meilleures et des plus fortes impressions qu'il ait été jamais donné de ressentir. Un don extraordinairement puissant et naturel, un sentiment musical du plus haut degré, un goût et une compréhension de l'art, portés à la perfection, s'unissent chez elle à une technique impeccable. En un mot, Mlle Rüegger ne doit redouter pour la dexté-rité et le coup d'archet, aucune comparaison avec n'importe quel artiste violoncelliste. Toutefois la technique proprement dite n'est pas son seul objectif. C'est avec un remarquable naturel et une gracieuse aisance que Mlle Rüegger exécute. il est vrai, les passages les plus difficiles dans les positions les plus ardues et cela sans aucune autre importance et comme la chose la plus facile. Mais lorsqu'il s'agit de donner au sentiment purement musical une expression plus spécialement artistique, son jeu devient si captivant et si empoignant qu'elle ne joue pas seulement, mais « chante » du violoncelle. Le concert s'ouvrit par un Concerto de Haydn, écrit primitivement pour l'ancien instrument à cordes appelé « Bariton ». Ce Concerto, à ce qu'il nous semble, laborieusement arrangé par Gevaert dans les parties concertantes et dans l'accompagnement, est du reste admirable. A la suite vinrent le « Kol Nidrei » de Bruch, le Concerto en *ré* majeur de Lalo et pour finir le « Cygne » de Saint-Saëns, et la « Danse des Elfes » de Popper. Toutes ces œuvres furent exécutées avec une telle virtuosité que personne n'en fut autant étonnés, ni plus charmés que les violoncellistes réputés, présents à cette séance. N'est-ce point là le plus beau succès auquel un artiste puisse prétendre ?

Volkszeitung

20 mars 1899

Samedi soir nous avons retrouvé avec plaisir une ancienne connaissance. Mlle Elsa Rüegger, de Bruxelles, qui, adolescente, avait déjà recueilli ici même quelques lauriers comme débutante, nous revient une charmante demoiselle et une excellente musicienne. Elle mérite une couronne entière. Elle la mérite, cette couronne, dans la remarquable interprétation des deux Concerto de Haydn et de Lalo, du « Kol Nidrei » de Bruch, avec accompagnement de l'orchestre philharmonique et dans trois morceaux de soli avec accompagnement de piano. Ce qui prévient tout spécialement en faveur de la jeune virtuose, c'est non seulement une jolie technique, mais encore une expression animée du plus pur sentiment musical. On doit lui savoir gré d'avoir évité une tendance à une sentimentalité fade et vulgaire, écueil si redouté et si fréquent, qui rend presque toujours insupportables les exécutions sur le violoncelle.

Deutsche Warte

22 mars 1898

Le nombre des dames violoncellistes est petit et seule Mlle Rüegger a réussi, par ses capacités, à s'élever au-dessus de la médiocrité courante. La jeune artiste, il y a quelques années, avait déjà fait sensation par la précocité de son talent. Elle nous est revenue, dans un concert donné avec orchestre, samedi soir, dans la Salle Beethoven, une artiste accomplie. Elle a acquis une valeur artistique à laquelle peu de personnes ont put atteindre. Son jeu qui du reste ne tend en aucune façon à s'imposer découle tou-jours et partout d'une nature exceptionnellement musicale.

Nulle trace d'une exubérance féminine se traduisant par une sorte de coquetterie ; seul un sentiment d'une rare pureté se dégage d'une exécution absolument parfaite. Aux qualités éminentes que possède la jeune artiste se joignent une parfaite connaissance de la technique et une sonorité dont la douceur, la beauté et le coloris dans les nuances, ne peut guère être égalés. Le grand succès que la jeune artiste obtint par la réunion de ces rares qualités, extérieures et intimes, n'a pas besoin d'être plus spéciale-ment confirmé.

En jouant le Concerto en *ré* majeur de Lalo, qui en lui-même est loin d'être *musical*, en interprétant si simple-ment et correctement l'admirable Concerto de Haydn et en ayant su exécuter si brillamment et avec autant de caractère personnel des œuvres de salon telles que la « Danse des Elfes » de Popper et le « Cygne » de Saint-Saëns, Mlle Rüegger, a prouvé qu'elle possédait à un haut degré un talent remarquablement naturel.

Tagblatt

21 mars 1899

Mlle Elsa Ruegger, violoncelliste, a obtenu samedi un beau succès dans la Salle Beethoven. Ce qui frappe le plus sympathiquement chez la jeune artiste, c'est le naturel de son jeu. Rien n'est voulu dans la beauté du son ni dans la sûreté de la technique. On est tout entier absorbé par le morceau lui-même, et c'est là la meilleure constatation d'un réel talent. Que Mlle Rüegger ait joué le Concerto de Haydn (le seul du Maître qui ait été maintenu au répertoire) comme elle l'a joué, cela seul parle en sa faveur.

Musik und Theaterwelt

23 mars 1899

Le violoncelle est un instrument que peu de mains féminines caressent. Mlle Elsa Rüegger, qui avait pour l'écouter un auditoire compacte, ne gagna pas seulement sa faveur par l'attrait de sa personne, mais principalement par la réputation qui la précède. C'est partout avec succès qu'elle s'est produite et vraiment nous ne pouvons lui refuser nos meilleurs applaudissements.

L'aimable artiste exécuta, avec le concours de l'orchestre Philharmonique, le Concerto en *ré* majeur de J. Haydn, le « Kol Nidrei » de Max Bruch et le Concerto en *ré* majeur de Lalo, ainsi que trois morceaux soli. Il faut relever surtout chez cette artiste une impeccable sûreté dans la technique ainsi qu'une grande netteté.

Lokal Angeiger

19 avril 1899

Mlle Elsa Ruegger dont on a eu ces temps derniers maintes fois l'occasion de parler et qui se fit entendre avec succès, il y a quelques semaines, dans un concert avec l'orchestre de la « Philarmonie » a eu l'honneur de faire valoir son talent devant L. L. MM. l'Empereur et l'Impératrice. Après que S. M. l'Impératrice et trois de L. L. A. A. ses enfants, eurent déjà entendu la jeune artiste dans le Palais Impérial, le lundi de Pâques, Mlle Rüegger, sur un ordre spécial de l'Empereur se fit de nouveau entendre au Palais samedi soir. Le concert improvisé à la hâte fut un succès brillant pour la jeune dame. Après l'exécution du « Chant du soir » de Schumann du « Moment musical » et de « Du bist die Ruh » de Schubert et, sur le désir spécialement exprimé par l'Empereur, après l' « Air » de Bach, l'Empereur lui exprima très aimablement toute sa reconnaissance pour la noble jouissance que l'heureuse artiste avait su lui procurer.

L'Empereur lui serra à plusieurs reprises les mains et lui dit en souriant combien Il lui enviait son admirable talent. En souvenir de ce concert l'Empereur fit présent à Mlle Ruegger d'une superbe broche.

Paris

Janvier 1897

Guide Musical

Le talent de Mlle Ruegger est en pleine maturité. Un mécanisme admirable, une grande compréhension de la musique interprêtée et une expression de sentiments exquis, telles sont les qualités principales qui distinguent cette jeune Virtuose déjà grande artiste.

X

Le Ménestrel

Mlle Ruegger est une grande artiste par le sentiment, par le style et par une Virtuosité technique sur un instrument singulièrement difficile.

X

Le Monde Musical

Le succès de Mlle Ruegger a pris des proportions triomphales. La jeune artiste a montré dans le Concerto de Rubinstein un archet d'une pureté remarquable, un son chaud et vibrant et une grâce toute féminine.

X

L'Europe artiste

Le Concerto de Haydn, une sonate de Boccherini, et divers autres morceaux exécutés avec maëstria par Mlle Ruegger nous ont permis d'apprécier le beau et grand talent de cette jeune artiste si sympathique.

Journal des Débats

Le public choisi qui était venu en grand nombre entendre la jeune artiste lui a fait une ovation des plus chaleureuses et des plus méritées. Elle a interprété le Concerto de Haydn avec un sentiment musical profond et pur, avec une délicatesse et une émotion exquises joints à une technique et à une bravoure de premier ordre.

X

La Croix de Genève

Dès le premier coup d'archet on sent qu'une âme élite d'artiste anime la jeune Virtuose. Le succès qu'elle a obtenu fut grand et l'enthousiasme spontané et sincère.

X

Le Courrier de Genève

Place aux jeunes ! Le succès de Mlle Ruegger fut un véritable triomphe et jamais triomphe ne fut mieux mérité. Elle a fait montre d'un style des plus châtiés, d'une étonnante sûreté d'intonation et de qualités d'exécution hors ligne.

Bruxelles

Novembre 1896

Guide Musical

Mlle Ruegger est une Virtuose et une véritable artiste. Son jeu coulant, juste et souple émeut ; elle manie l'archet avec élégance, produisant un beau son moëlleux ; sa conception musicale est saine, profonde et intelligente, son mécanisme parfait.

✗

Fédération Artistique

Mlle Ruegger a joué avec un art parfait et une grâce exquise le Concerto de Saint-Saëns, tout en révélant d'étonnantes facultés de musicienne.

✗

Indépendance Belge

Le Concerto de Saint-Saëns a été exécuté par Mlle Ruegger d'une manière tout-à-fait remarquable ; avec une sûreté de mécanisme étonnant, une justesse parfaite et un sentiment musical profond et distingué.

Anvers

Novembre 1896

L'Escaut

Mlle Ruegger a été admirable dans le Concerto de Lalo qu'elle a joué de main de maître avec une belle sonorité, une profondeur de sentiment émouvante et avec un mécanisme impeccable.

✗

Le Matin

Mlle Ruegger a une profondeur de sentiment, une délicatesse et un achevé de jeu qui la posent de prime abord comme artiste de très grand talent.

Liège

. 1896

La Meuse

Nous témoignons une admiration émue pour la jeune artiste qui vient de nous révéler ses étonnantes facultés de musicienne et de virtuose. Son jeu ravi tant par la qualité idéale du son que par le sentiment classique et le technique complet du violoncelle — par un goût sûr comme une virtuosité éclatante.

Ostende

1902

La Saison d'Ostende

L'enfant prodige d'autrefois a tenu ses promesses; aujourd'hui c'est avec un talent mûri par l'étude, avec une réputation établie par six années de fructueux Concerts que M\ll\e Ruegger nous est revenue. Elle s'est montrée artiste accomplie dans la magistrale interprétation du difficile Concerto de Lalo.

Pétersbourg

Novasti

M\ll\e Ruegger possède un sentiment musical exquis, une technique brillante et pleine de virtuosité qu'elle a fait valoir dans le très difficile Concerto de Haydn qu'elle a joué avec un goût parfait.

Petersburgski Listok

Fraulein Ruegger spielte das Haydnische Concert mit Künstlerischer Vollkommenheit.

Birscheweya Wiedomosti

Frl. Rueggers Tchnik ist vollkommen, ihr Ton schon, breit und warm, ihr Vortag musikalisch durchdacht.

La Haye

M\ll\e Ruegger a joué avec l'orchestre philharmonique un long et difficile Concerto en trois parties. Un allegro dans lequel la soliste s'est affirmée de prime abord véritable artiste — un Andante qu'elle a chanté avec une expression chaude et profondément musicale — et un Scherzo qui a fait valoir sa grande virtuosité, qui a mis le comble à son succès.

Londres

Times

Haydn's Concerto was quite superbly played with real pœtical charm and abundant spirit and dash.

Daily Chronicle

Miss Elsa Ruegger showed a metropolitan audience what a brilliant performer she is.

x

Daily Telegraph

Mlle Ruegger showed yesterday that she is well equipped as to technique and possesses deep and strong musical feeling.

x

Era

Mlle Ruegger proved herself an admirable performer. She has a refined style, while her freedom from affectation and eccentricity enhances the charm produced by her artistic gifts.

Morning Advertiser

Mlle E. Ruegger takes a conspicuous place among the ranks of our 'Cello performers.

x

Musical Record

Miss Ruegger's performance of a Concerto by Haydn must be ranked with the finest violoncello playing of the present day.

Musical Standard

Mlle Elsa Ruegger is young but she is a great artist as well as a great virtuoso. Her technique is exceptional; she plays with the keenest perception of the pœtry of melody in music and with a fine sense of light and shade of expression. This sincere artistic feeling and insight place her in the front rank of violoncellists.

✕

The Globe

Her tone is full, round and very sweet, her technical equipment is ample and her intelligence and musical insight great.

Sunday Times

Her tone is singularly musical and simpathetic and her exquisite phrasing shows her to be an artist of first rank.

✕

St. James Gazette

Miss Ruegger plays with the skill of an accomplished executant, with the feeling of a thorough musician.

✕

Hearth and Home

Mlle Elsa Ruegger possesses a marvellous technique together with exceeding purity and sweetnes of tone and an equal apprehension of every shade of feeling which arouses the keenest enthusiasm. The ease and grace of her phrasing and style at once command admiration whilst her masterly execution and her interpretation of the deepest sentiments fill us with the utmost satisfaction.

✕

The Sketch

Mlle Elsa Ruegger came, played and captivated us.

Boston

Association Press Dispotches

Miss Rueggers Genius was recognized by the large auditorium. Her execution was superb and masterful.

✗

Boston Times

Miss Rueggers European success was duplicated in the Lalo Concerto. It was a masterful rendering.

✗

Boston Evening Gazette

Miss Ruegger is an admirable artists. Her style is large and dignified — her technique faultless.

✗

Boston Herald

Her tone is delightul — her phrasing dintinguished and her execution as facile as a violonists — effortless and refined and showed her to be an artist of admirable skill.

✗

Boston Journal

Her tone is beautiful — her feeling impeccable — her bravoura brillant.

✗

Amerikanische Schweizer-Zeitung

Die eminente Künstlerin verbindet mit technischer Tadellosigkeit ein warmes, gesundes Empfinden und ein tiefes, musikalisches Verstandnis.

✗

Musical Courier

Miss Rueggers is an exceptionally gifted young artist of an order that is becoming very rare nowadays.

✗

Boston Transcryst

Miss Ruegger Mecanismus is wonderfully secure and clear cut; — her tone warm and beauty itself — and her phrasing exceedingly graceful and soulful, showes her to be an artist of first order.

New-York

Musical Courier

Miss Ruegger was equal to any and all demands technical, poetical and musical. She has infaillible, fingers, a firm bowarm — splendid rythms — a rich, resonant tone, capable of infinite gradation.

Nek-York Herald

Miss Ruegger proved again herself a thorough artist, both in musical feeling and in technical bravoura.

✗

New-York Wared

Miss Ruegger made a pronounced success — she is a thorough artist with sound musicianly feeling. Her technical equipement is of the highest order.

✗

American Art Journal

Miss Ruegger has both, soul and intelligence and the technical skill to make listeners believe it. — Her playing was delightful.

✗

Commercial Advertiser

Miss Ruegger showed what a most excellent artist she is. — Her tone is pure and mellow — her felling deep and her music — sense sound — she played the Rubinstein Concerto with much brilliancy.

✗

Evening Post

She played the Haydn Concerto in a manner Worthy of her high reputation.

✗

New-York Press

After a delightful performance of the Saint-Saëns Concerto Miss Ruegger played Schumann's Evening song

with exquisite tenderness and a caressing touch which
appeals directly to the heart.

✗

Staats-Zeitung

Frl. Elsa Ruegger wies sich gestern Abend als eine
Cellospielerin allerersten Ranges aus. Ihr Ton ist ein-
dringlich, nobel und sympathisch. Zu einer vollstandigen
technischen Equipierung gesellt sich ein reifer Geschmack
und ein tiefes warmes Empfinden.

Chicago

The Musical Leader

Miss Ruegger was already an artist of worth ond
delightful attainement when she made her last tour in
America. Yesterday she showed that she has still grown
in breadth — tone and intellect, she played in an appealing
musicianly manner. Her sucess was instantaneous.

✗

Chicago Tribune

The distinguished artiste has been repeating the brilliant
record she made Boston, New-York and Philadelphia.

✗

Chicago Chronicle

The declamatory passage of the Lalo Concerto were
-given by Miss Ruegger with dramatic intensity, — the
more slowy passages with grace and brilliancy —, Her

tone smooth, sonorous, rich and vibrant, moves one stran-
gely. There are tenderness and depth of feeling in Miss
Rueggers touch.

X

Chicago Inter-Ocean

The Lalo Concerto gave Miss Ruegger an admirable
opportunity for displaying her high technical equipement
and to show that she has sympathy and passion.

X

Chicago record

Miss Ruegger's tone is ample, full and of rich quality
and she plays with autority and confidence. The Concerto
in particular was beautifully given, with unaffected sentiment and great finish.

Philadelphia

24 February 1903

Philadelphia Evening Leader

Miss Ruegger handels her instrument with consumate
ease and grace — Her technique is perfect and her tone
is simply the height of perfection — Her interpretation
of the cantabile is wonderful.

X

Philadelphia Inquirer

The soloist, Miss Elsa Ruegger, is no stranger here and
she played Lalos Concerto in a manner which sometimes
astonished and always pleased and wich is in every way,

in beauty of tone, in eloquence of expression and in absolute adequacy of technique, entirely worthy of her high reputation.

Philadelphia Press

Of Miss Elsa Ruegger, whose interpretation of the Lalo Concerto was intensely refined and musicianly ; one can only say : that with a bowarm, that is perfect, a technique faultless, an intonation true and a tone of extraordinary beauty it is little wonder that her tour is one of positive triumph — a triumph accentuated in no small degree by her performance of last night.

Elsa Ruegger unites the sweetness and elegance of the French and Belgian to the power and aptness of the German shool.

Cincinnati

22 Marsh 1903

The Enquirer

The simplicity and naturalness of Miss Ruegger's style are qualities that are found in all true artists, and here they are combined with a musicaly intelligence and breadth of interpretation, that belong only to one that has mastered all the resources of the instrument with a musical soul.

✕

The Commercial Tribune

Miss Ruegger played with all the charm of a lover of the instrument and a close student of its possibilities as well — she played with complete understanding and with a touch of a finished artist as she is.

x

Cincinnati Volkblatt

Frl. Ruegger, die bereits früher mit grossem Erfolg hier gespielt hat, war die Solisten des gestrigen Symphonie Concertes. Sie hatte sich eine überaus schwierige Composition ausgewählt; das zweite Cello-Concert von Victor Herberts eine Tonschöpfung, die an den Künstler gewaltige Anforderungen stellt. Frl. Ruegger wurde diesen in glänzendster Weise gerecht. Ihr Ton ist gross und von vollendeter Schönheit und ihr Vortrag trägt den Stempel echter Künstlerschaft.

Pittsbourg

17 Janvier

Pittsburg Dispotch

Miss Ruegger played the Cello Concerto by Herbert with tenderness and rare depth. There is genius musical wealth in her grasp of the instrument.

x

The Pittsburg Tost

Miss Ruegger played Herbert's Concerto with sensuousness of tone, exquisite phrasing. decided accents, georgeous shading. broad conception and an impeccable intonation were all in her repertoire. Elsa Rueggers superb work on the Violoncello well fastens itself to memorys walls.

x

The Pittsburg Chronicle

Miss Ruegger is one of the most finished Artist befor the public. The played Herberts Concerto superbly.

✗

The Pittsburg Times

Miss Ruegger gave a splendid rendering of the Concerto of Victor Herbert.

Saint Louis

1900

Symphonie Concert

Elsa Ruegger played the De Swert Concerto superbly : there was breadth, boldness, resonance of tone, dignity — high intelligence and a purely musicianly quality that showed the player as something more than a celliste — a musician.

OPINIONS D'ARTISTES CÉLÈBRES

sur Mlle *ELSA RUEGGER*

Mlle Elsa Ruegger est malgré sa jeunesse, une des plus grandes violoncelliste de nos jours.

J'ai eu le plaisir de l'entendre et d'apprécier son goût musical et son excellente exécution. Je suis certain que tous les connaisseurs seront de mon avis.

EUGENE D'ALBERT

x

Mlle Elsa Ruegger possède un talent extraordinaire. Elle est gracieuse tout en étant un artiste remarquable.

FÉLIX MOTTL
Chef d'orchestre, à Karlsruhe

x

Par la présente, je recommande très chaleureusement la virtuose violoncelliste Mlle Elsa Ruegger comme un talent supérieur à tous les agents de concert.

Cette charmante jeune femme a plusieurs fois pris sous ma direction et a obtenu un succès des plus complets, attesté aussi bien par le public que par les critiques, son chant est merveilleusement beau et pur et un coup d'archet absolument sûr. Mlle Elsa·Ruegger peut être rangée parmi les plus sympathiques exécutants que j'ai rencontré en ces dernières années.

HANS WINDERSTEIN
Maître de Chapelle et Chef d'orchestre
du Concert philharmonique de Leipzig,
Halle, Magdebourg.

✗

St-Pétersbourg, 22 mai 1899.

J'exprime volontiers mon opinion sur Elsa Ruegger. C'est une jeune artiste de grand talent avec un grand avenir, car elle possède un jeu brillant et un sentiment profond, ce qui constitue le corps et l'âme de la musique.

CÉSAR CUI
Président de la Société musicale impériale de Russie.

✗

Bruxelles, 20 Juin 1899.

Cher Maître,

Permettez-moi de présenter Mlle Elsa Ruegger, qui va faire son apparition en Amérique cet hiver.

Elle a obtenu un immense succès dans toutes les principales villes d'Europe et je suis certain que le public américain la recevra avec enthousiasme.

CESAR THOMSON
Professeur de la classe supérieure de violon
du Conservatoire Royal.

✗

Francfort, juillet 1899.

Cher monsieur Gericke,

Par la présente, je vous recommande très chaleureusement une jeune violoncelliste Mlle Elsa Ruegger, de Bruxelles. J'ai entendu cette jeune personne et ai été on ne peut plus ravi de son talent extraordinaire.

Je suis entièrement convaincu, que si vous l'engagiez pour un de vos concerts, vous en serez très satisfait.

Mlle Ruegger a remporté les plus grands succès à travers l'Europe et est très appréciée des artistes et du public.

EUGENE D'ALBERT

Composition typographique
de
A. GAUTHERIN

Imprimé
chez
ANDRÉ EYMÉOUD
Place du Caire
PARIS

GAUTHERIN
TYPOG